Ich hatte einmal einen Schimpanzen

Von Sir Roy Cameron
Illustriert von Jessica Stafford Cameron
Übersetzt von Theresia Trommer

Copyright © 2014 Sir Roy Cameron
Illustriert von Jessica Stafford Cameron
Alle Rechte vorbehalten.
ISBN:978-1-910651-17-9

WIDMUNG

Für Owen, Juliet, Auggie, Mackenzie, Jeremiah
und Großmütter und Großväter überall.

Ich hatte einmal einen Schimpanzen.
Er lebte mit mir im Ganzen
unter einem Bananenbaum.
Ich hatte einen Schimpanzen, das war kein Traum.

Auch hatte ich ein Nilpferd aus dem Fluss,
mit dem fuhr ich oft im Bus.
Einen Sitzplatz zu finden war oft ein großer Verdruss,
ich hatte ein Nildpferd aus dem Fluss.

Da war auch noch meine Giraffe,
Sie in die Badewanne zubekommen war ein geaffe.

Es brachte mich zum Lachen und die Giraffe.
Weil, sie in die Badewanne zu bekommen war so ein geaffe.

Ich liebte meinen Grizzlibär,
beim Einkaufen erschrack er die Menschen und alles war leer.
Sie rannten überall hin und her, bis keiner zu sehen war mehr.
Ich liebte meinen Grizzlibär.

Der Elefant war auch toll.
Er liebte Kekse und hatte immer den Mund voll.
Er verschlang sie in Tonnen, gar nicht maßvoll.
Der Elefant war auch toll.

Oh! Nicht zu vergessen das Thingummyjig,
ich weiß nicht was es war, es war nicht nur groß, es war großartig.
Es brachte mir bei einen Tanz Namens" Jig".
Ich vergaß fast das Thingummyjig.

Nicht zu vergessen das Mummseldads
und die tolle Zeit die ich gemeinsam verbrachte mit meinem Spatz.
Obwohl einer lachte und einer hatte Traurigkeit im Ansatz,
Ich war so froh das ich traf das Mummseldads.

Aber von allen meinen Tieren,
so wichtig und lieb und auf allen Vieren
egal ob laufen, krabbeln und klettern in den Bäumen.
Mein Liebling war der Schimpanze, die Erfüllung meiner Träume.

ÜBER DEN AUTHOR

Roy LEBT IN SCHOTTLAND MIT SEINER Frau. Sie haben zwei erwachsens Söhne und zwei Enkel. Dies ist ein Teil der Geschichten, die Roy für seine Enkel schrieb.

ÜBER DEN ILLUSTRATOR/KÜNSTLER

Jessica Stafford Cameron ist eine Künstlerin aus Petaluma, California. Während sie in Neuseeland arbeitete, traf sie ihren schottischen Ehemann, Roy's Sohn. Sie leben nun glücklich bi sans Ende ihrer Tage in Schotlland.

www.ingramcontent.com/pod-product-compliance
Lightning Source LLC
Chambersburg PA
CBHW041234040426
42444CB00002B/161